「くりかえし」の家事を楽しむ小さな工夫

ブログ「おうち*」主宰
田中千恵

＊はじめに

私は、おうちで過ごす時間がとても好きです。

朝の「おはよう」の時間、見えへんようになるまで手をふる「いってらっしゃい」の時間。

洗濯や掃除をしたり、ごはんの準備をするおうちしごとの時間。

みんなとやっと会える「おかえり」の時間、おつかれさまの「おやすみ」の時間。

そんな普通の暮らしがとてもうれしくて、毎日がかけがえのない大切な一日。

私にとっておうちの中は、宝箱やなぁと思います。

2012年から、そんな大好きなおうちの暮らしを綴ったブログをはじめました。

毎日のおうちしごとのこと、パンやお菓子作りのこと、お気に入りの道具のこと、
3人の男の子の子育てのこと、父の介護のこと。

毎日いろんなことがあって、ほんまは大変やなぁと思うときもあるけれど、

「おいしい」「うれしい」「たのしい」の気持ちを大切にしながら、
自分ができる範囲の小さな工夫をして、おうちしごとを楽しんでいます。

ブログはいつのまにか多くの方に読んでいただけるようになり、
こうして一冊の本になりました。

この本を読んでくださったみなさまが、
少しでも家事や暮らしを楽しむヒントが見つかるとうれしいです。

日本一保堂銘茶
くき玉露

毎日くりかえす
普通の暮らしに
楽しいことが
いっぱい詰まってる

手にとるだけで うれしくなるものを使う

ざる、ほうき、かごバッグ、古道具…。
眺めているだけでワクワク。手にとるだけでうれしい。
大好きなものがそばにあると、家事をするのが楽しくなる。

時間の使い方を 少し工夫してみる

毎日少し早起きして、ゆっくり朝ごはんの準備をする。
バタバタする家事の合間も、お茶の時間を作って立ち止まる。
たまには夜ふかしをして、ひとり静かに好きなことをする。

どんなことも心をこめると気持ちがいい

料理も掃除も洗濯も、どんなことも、心をこめて丁寧に。
苦手に思うことも、イヤイヤやらず、
気持ちをこめてやると、ああ、やってよかったなぁと思える。

おうちの中に好きな場所を作る

ざるがいくつもぶら下がった台所、
お気に入りの掃除道具をディスプレイした玄関の棚。
おうちの中に好きな場所がたくさんあるだけでうれしくなる。

ゆっくり
手間のかかることを楽しむ

パンやお菓子を焼いたり、ふきんを手洗いしたり。
ゆっくりと手間のかかることをするのが楽しい。
慌ただしい毎日の中で、ちょっぴりぜいたくな時間になる。

できる範囲で
がんばれることを探す

全部を完璧にやるのは無理だから、
しんどくならないように、たまには手抜きもする。
「これだけは」と思うことを探して、自分のできる範囲でがんばる。

アートディレクション　MARTY inc.
イラスト　YOSHiAKI
撮影　田中千恵、内藤拓（切り抜き写真）
編集　矢澤純子

1章 * 私のおうちしごとに欠かせないもの

＊台所でも、食卓でも手しごとのざるが大活躍

我が家では毎日ざるが大活躍しています。台所では、洗った野菜や豆腐をのせたり、ゆでたうどんの湯きりをしたり、水きりざるとして使っています。食卓では、生野菜を盛ったり、フルーツを入れたり、ワンプレート風におにぎりやおかずを盛り合わせたり、器代わりにしてテーブルに並べています。

私がざるを生活に取り入れたいなぁと思ったのは、あまりにも美しい網目を見たときでした。その網目のひとつひとつが人の手によって作られたんかと思うと、とても感動的な気持ちになって、自分でも使ってみたくなったのです。手しごとのざるは素朴やのにおしゃれで、手にすると少し特別な気持ちになります。編み方や竹の種類なども地域によっていろいろ特徴があって、新しいものを見つけるたびに欲しくなってしまいます。

使い終わったざるは台所にぶら下げて乾燥させています。いくつもざるがぶら下がったこの風景を見るだけでなんだかうれしくて、明日もがんばろうと思えるんです。

ざるの使い道いろいろ

毎日こんなふうにざるを使っています。
いろいろなサイズや形を少しずつ買いそろえて、
そのときどきの使い方に合わせて選んでいます。

素材の余分な水分をとっておくことも、料理の大事な下ごしらえやでと母が教えてくれました。ざるは水きれがよくて、ぐんぐん水を吸ってくれるので、野菜を洗うのにぴったり。

我が家で一番大きなざるは、うどんをどっさりゆでたときに使います。そばやパスタなど麺類の湯きりにとても便利です。キャベツのせん切りをのせるのにも使っています。

こうして小さめのざるに豆腐を入れてしばらくおいておけば、しっかり水きりできます。なんだか休憩して待っていてくれてるみたいで、大事に料理したい気持ちになります。

おにぎりや卵焼き、生野菜をざるに入れて食卓に出したり、少しずつごはんとおかずをのせたり、ざるを器代わりに使うのが好きです。ちょっとスペシャルな気持ちになって食事が楽しくなります。

お気に入りはこの２つです。丸いものは福島の根曲がり竹のそばざる。野菜や麺の水きりざるとして使っています。楕円形のものは岩手の職人さんが作る篠竹の両手ざる。おにぎりやそうめんを盛ったりしています。

お昼ごはんなどひとりでごはんを食べたときは、洗い物も少ないので洗った食器を入れて水きりかごとして使います。割れると困る大切な器もざるに入れておくようにしています。

*

土鍋でごはん

朝の台所では、コンロの上で土鍋ががんばってくれています。バタバタしてしまう夜は目を離してもいいように炊飯器も使うけれど、朝は土鍋でごはんを炊くのが毎日の日課です。家族においしいごはんを食べさせたくて使いはじめたごはん炊き専用の土鍋。土鍋を使うとお米がふっくらと甘くて、冷めてもおいしいんです。

炊き込みごはんや栗ごはんも土鍋で炊くのが好きです。ふたをあける瞬間が楽しみで、お焦げをみんなで分けるのもうれしい時間。便利な時代になったけど、土鍋でごはんを炊く暮らしをこれからも大切にしていきたいなぁと思います。

段付鍋で おみそ汁

おみそ汁は朝に作っています。前日の夜の残りものを温める方がラクやけど、一日のはじまりに家族のみんなへ「今日もがんばれ」の気持ちをこめて、作りたてのおみそ汁を食べてもらうことが、私の中の小さな決めごとです。

おみそ汁を作るときは、有次の段付鍋を使っています。京都の職人さんがひとつひとつ手作りで打ち出した鍋は、熱伝導がよくてお気に入り。煮物を作るときも活躍します。具を変えたり、しょうがや練りごまを入れたり、飽きひんように少し工夫しながら、夜の分は朝作ったおみそ汁に継ぎ足しをして具を少し加えるようにしています。

* 週末のイベントは常備菜作り

週末などちょっと時間があるときには、常備菜を作っています。少しでも冷蔵庫にあると便利な常備菜。でも、便利なだけじゃなくて、あるだけで盛りだくさんに見えたり、栄養もとれたり、なんだか気持ちをそっと添えるみたいなものです。

私は手早く作る料理よりも、小さな鍋に落としぶたをしてコトコト煮たり、菜箸でやさしく混ぜながらフライパンで丁寧に炒めたり、じっくりと時間をかけて作ることが好きなので、台所でゆっくり常備菜を作る作業は心が落ち着いて楽しい時間です。

常備菜を作るとき、私の中にひとつだけ決めごとがあります。それは、みんなの好きなものを1種類ずつ作るということ。我が家は5人家族なので、毎回5種類の常備菜を作っています。子供たちが苦手なものもいっしょに盛りつけて、がんばって食べてもらえるようにという理由もあるけど、自分の好きなものが必ずあるときっとうれしいと思うから、ひとりひとりのことを考えながら、贈り物をするような気持ちで作ります。

我が家の常備菜

よく作る常備菜は簡単なものばかり。
どれも２～３日は日もちするので、
ごはんに添えたり、お弁当に詰めたりしています。

牛肉のしょうが煮

細かく切った牛切り落とし肉500gを炒め、しょうがのすりおろし大さじ1、砂糖30g、醤油・酒各50mlを加え、汁気がなくなるまで炒め煮にする。

れんこんの豚バラ煮

一口大に切った豚バラ100g、半月切りにしたれんこん200g、せん切りにしたにんじん100gを炒め、醤油大さじ3、みりん大さじ2をからめ、汁気がなくなるまで炒め煮にする。

五目豆

だし汁400ml、醤油大さじ5、砂糖大さじ4、みりん大さじ2を鍋で煮立て、角切りにした干ししいたけ3枚、こんにゃく・油揚げ各1/2枚、にんじん1/2本と、大豆水煮缶100gを加えて煮汁が少し残るくらいまで煮る。

野菜のゆずポン酢マリネ

プチトマト10～12個はヘタを取って半分に切り、ブロッコリーは小房に分けてさっとゆで、容器に入れる。ゆずポン酢大さじ3、油小さじ1弱、粗びき黒こしょう少々を混ぜ合わせ、容器に加えてあえる。

たけのこのおかか煮

一口大に切ったゆでたけのこ小3本、だし汁400ml、醤油・みりん各大さじ1を鍋に入れて煮立て、落としぶたをして弱火で15分煮る。かつお節適量を加えて混ぜる。

にんじんのきんぴら

せん切りのにんじん中2本をごま油大さじ1で炒め、醤油大さじ1と1/2、みりん・酒各大さじ1、砂糖小さじ1を加えて汁気がなくなるまで炒め煮にし、ごま大さじ1を混ぜる。

万願寺とうがらしのおかか炒め

ごま油大さじ1を熱し、万願寺とうがらし2パックを炒める。火が通ったら醤油大さじ1、砂糖小さじ2、酒大さじ3を加えてさっとからめ、かつお節適量を混ぜる。

きゅうりとしめじのごま酢あえ

3mm幅に切ったきゅうり1本は塩をまぶして水気を絞る。しめじ大1袋はさっと塩ゆでし、水気をよくきる。ボウルに入れ、醤油大さじ1、砂糖・酢各大さじ2を加えて混ぜ、塩でととのえ、すりごま大さじ1を混ぜる。

＊焼きたてのパンを食べるしあわせ

時間があると一番にやりたくなるのがパンを焼くこと。朝食のために小さな食パンを焼いたり、お腹をすかせて帰って来た子供たちがよろこぶようなおかずパンや、疲れを癒すための甘いおやつパンを焼いたりしています。みんなの「おいしい」の言葉がとてもうれしくて、焼きたてのパンを家族で囲む風景がとても好きです。

私がパン作りをはじめたきっかけは、中学生になった長男が初めてのテスト勉強をしている姿を見たときでした。小学生の頃とは違う真剣さがヒシヒシと伝わって、私も何かしてあげたいという気持ちがこみあげてきたんです。お菓子も作ったことがないのに、独学でパン作りをはじめて、焼けたのはヘタなパンやったけど、勉強の合間に食べてくれました。

今でも納得のいくパンが焼けるわけではないけれど、みんなが楽しみにしてくれているから、これからも家族がふんわり笑顔になれるパンを焼き続けたいなぁと思います。

我が家で人気のパン

パンが焼き上がったとき、
子供たちの「わぁー」という声を聞くのが楽しみ。
朝食やおやつに作った我が家の人気パンです。

抹茶のカンパーニュ

抹茶好きの家族に人気のカンパーニュ。京都の一保堂の抹茶を使い、大納言をたっぷり入れておやつパンとして焼きます。クリームやあずきを添えて食べることもあります。

食パン

一番人気はやっぱり食パン。1.5斤の型で焼きます。スライスしてバターをたっぷり塗って食べたり、サンドイッチを作ったり。おうちで食パンが焼けたときのよろこびは格別です。

ハムチーズのミニ食パン

中にはハムを入れて、上にはとろけるチーズ。マヨネーズ風味で焼き上げた小さな食パンです。食べごたえがあるので、サラダをたっぷり添えて朝食に食べることが多いです。

白パン

ふんわり焼けた白パンは、パスタやスープ、煮物などと食べても合うし、ジャムやはちみつをつけるのも好き。そのまま食べると、おいしい粉の味が楽しめます。

リングパン

忙しい日は丸めただけの生地をリング型に入れて焼きます。パン屋さんに行っても売っていないこの形は、おうちパンならではの楽しみ。切り目を入れ、野菜をサンドすることも。

ウインナーロール

ころんと焼き上がるのがうれしいロールパン。中にウインナーを入れるとみんなよろこんでくれるので、我が家ではこれが定番。作るとあっという間になくなります。

＊

一日の終わりに ふきんを石けんで洗う

毎日、ふきんを洗うことが一日の終わりのおうちしごとです。琺瑯のボウルに水を張って小さな洗濯板を使いながら、真っ白な石けんで1枚ずつもみ洗いをします。タオルのように毎日洗いたてのふきんを使うと気持ちがいいから、ちょっとした家族への心づかいです。夜洗って干したら、翌朝1枚ずつたたんでカウンターに置きます。洗濯機で洗うほうがラクやけど、実際に手で触れることで、今日と明日をつなぐ大事な時間が持てます。ふきんを洗いながら今日を無事に過ごせたことに感謝したり、また明日もいい日にしたいなぁと思いながら、私の一日が終わります。

朝起きたらまず、前日の夜に洗ったふきんを1枚ずつ丁寧にたたみます。そしたら気持ちもシャンとするのです。たたんだふきんは小さなかごに入れて、みんなが使いやすいようにカウンターに置きます。

我が家では「びわこふきん」を使っています。とにかく吸水性がよくて汚れも落ちやすく、すぐに乾きます。万能すぎて一度使うとやめられません。白が台ふき用で、生成りは床ふき用に使っています。

びわこふきんの姉妹品でタオルサイズもあります。ふきんと同じで吸水性がよく、丈夫で軽くてやわらかいので好きです。タオル代わりに使ったり、食器をふくのにも使っています。

暮らしのまとめ 1

＊同じことのくりかえしでも、好きな道具があると、使うのがうれしくて家事が楽しくなります。

＊時間ができたらあれをやりたい、と思えることがあると幸せです。子供のためにはじめたことも、続けていると自分の好きなことに変わります。

＊暮らしの中に自分だけの小さな決めごとを作ると、がんばろうと思えて張り合いが出てきます。

2章 ＊ 毎日のおうちしごと

朝の台所しごと

家族のみんなが気持ちよく朝を迎えられるように、少し早起きをして、朝ごはんの準備をします。朝の台所では、おみそ汁を作る段付鍋とごはんを炊く土鍋が、コンロの上で毎日仲良く並んでいます。

おみそ汁ができあがって、炊きあがった土鍋のごはんを蒸らしている間に、朝ごはんとお弁当用の卵焼きを焼いたり、昨夜の残り物を温めたり、作り置きの常備菜を冷蔵庫から出したり、ぬか漬けのチェックをしたり…。朝は、あれもこれも、やることがたくさん。

リビングがおいしい匂いでいっぱいになったら、みんなを起こして朝ごはんのはじまり。みんなが食べている間、私はそのまま台所でお弁当を詰めたり、フライパンを洗ったり、次々に食べ終わるみんなの器を洗ったり、一日の中で一番バタバタと忙しい時間を過ごします。

でも、そんな慌ただしい朝の台所しごとを、心をこめながら準備をして、みんなが一日がんばれるように、温かいごはんを作って送り出したいなぁと思っています。

我が家の朝ごはん

我が家の朝はいつもこんな感じです。
男の子ばかりだから、朝からモリモリ。
休日は手作りパンを食べることもあります。

朝ごはんは、作りたてのおみそ汁と炊きたてのごはんで一汁三菜を心がけています。常備菜と卵焼きのワンプレートや、焼き魚や納豆など、シンプルな和の朝ごはんです。

いつもはごはんとおみそ汁ですが、休みの日はパンにすることが多いです。みんなが寝ている間にパンを焼いて、たっぷりのサラダとスープを用意して、バターやはちみつを並べます。

ごはんもいいけど、食パンとおみそ汁で食べるのも好きです。前日の晩ごはんにたくさん焼いたしいたけの肉詰めを、彩りのよいピクルス野菜といっしょに少しずつ並べました。

おかずが少ない日は、具だくさんのおみそ汁とおにぎり。いろいろな味のおにぎりを作って、卵焼きといっしょに出します。ざるに盛ると、ピクニック気分でうれしくなります。

温野菜たっぷりの体にやさしい休日の朝ごはん。家族ひとりひとりの好きな野菜を選んでせいろで蒸します。冷凍ごはんをいっしょに蒸すと、炊きたてみたいにホカホカになります。

ひとりで食べる私の朝ごはん。土鍋で炊いたごはんが余ると、焼きおにぎりを作って冷凍しておきます。その焼きおにぎりに温かいお茶を注いで、お茶漬けにして食べるのがお気に入りです。

家族5人分の洗濯物

5人家族の洗濯物は、毎日ものすごい量です。男の子は体が大きいから服も大きくて、洗濯機の中がすぐにパンパンになります。洗濯機は朝1回、夜に2回まわしています。体操着やジャージなど毎日使うようなものは、すぐに乾かしたいから夜のうちに。朝はタオルやバスタオルなどを洗濯します。毎日大変やなぁと思うこともあるけど、ひとりでも病気になると洗濯物が減って、なんだか寂しい気持ちになったことがあります。洗濯物の多さは、家族のみんなが健康やからこそ。そう思うと、ベランダにたくさん並んだ洗濯物を見るのが、とてもうれしくなります。

立ってかける アイロン

アイロンがけは、朝か夜の空いた時間にまとめてやります。アイロン台を高くして、立ってかけます。その方が、ダラダラせずにそのあとの家事にもどりやすいし、シャツも気持ちもシャキッとするような気がします。ほんまは、アイロンがけは少し苦手やけど、シワシワの洋服を着せるわけにはいかへんから、ちょっとだけ気合いを入れてがんばります。

アイロンがけをしたら、コロコロをかけながら洋服やタオルをたたみます。コロコロのケースは横から見ると大好きなおうちの形をしていて、使うのが楽しくなるお気に入りの道具です。

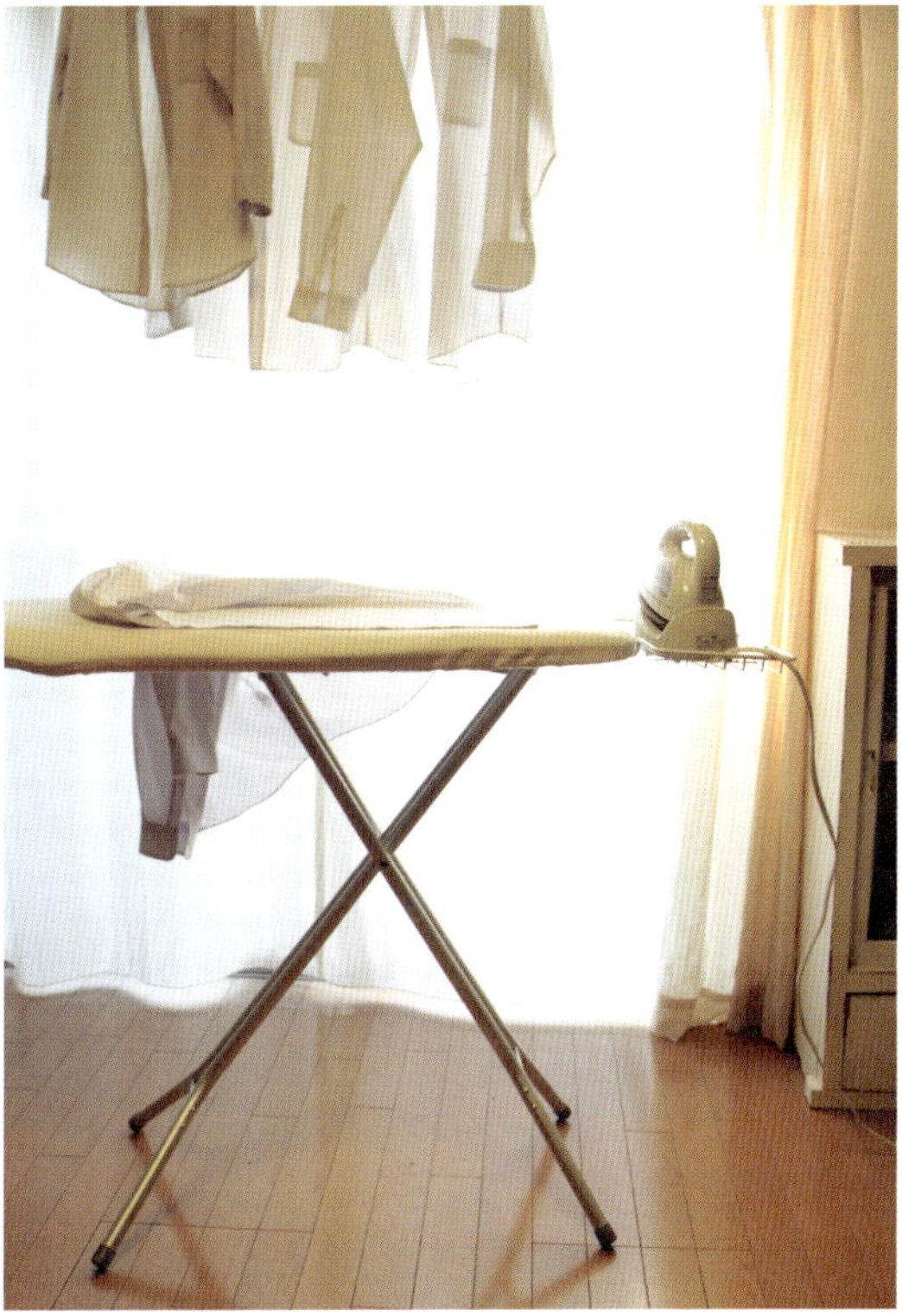

*卵焼きの入ったお弁当作り

朝、パパと3人の子供たちにお弁当を作っています。毎日のことやから、あんまりがんばりすぎず、晩ごはんの残り物や作っておいた常備菜を使います。ハンバーグや唐揚げ、肉巻きなどのおかずは、晩ごはんのついでにちょっと多めに作って、お弁当用に冷凍しておくようにしています。

お弁当の彩りは、プチトマトや昔ながらの赤いウィンナーを入れるくらいで、あんまり考えへんかもしれません。だから、気がつけば茶色いお弁当になってしまうことも多いです。でも、茶色いおかずは栄養がたっぷり入ったものが多いから、地味なお弁当でも愛情がいっぱい詰まっているということを感じてくれたらうれしいなぁと思います。

お弁当は前もって準備したものを詰めるだけやけど、「卵焼きを毎日入れてほしい」という家族のリクエストにこたえて、卵焼きだけは必ず作っています。私の卵焼きは、母から受け継いだお砂糖なしのもので、だしのきいたやさしい味です。ねぎや明太子など、ときには具も入れながら、朝ごはん用とお弁当用に毎朝ふたつ、くるくる巻いています。

我が家のお弁当

パパと子供のために作るお弁当。
毎朝焼いている卵焼きと、
前日の残り物や常備菜を、
丁寧に詰めます。

肉巻きは出番がすごく多いです。オクラ、アスパラ、いんげん、白ねぎ、にんじん、ごぼう、さつまいもなど、いろいろな野菜を巻いて冷凍しておきます。

晩ごはんがハンバーグのときは、お弁当用に小さいサイズも作ります。焼いてから保存袋に入れて冷凍。日によってケチャップやソースをつけて味を変えています。

男の子ばかりなのでお弁当箱は地味です。曲げわっぱやアルマイト、二段や一段などいろいろ。誰のものかは決めずに、そのときどきで、みんなで使っています。

＊はたきとほうきでお掃除

　みんながおうちを出たら、はたきとほうきで朝の掃除。掃除機をかけるときもあるけれど、毎日の掃除は、はたきとほうきを使います。
　まずは、はたきを使って高いところのホコリをポンポンと落として、棚の上などの低いところもさっとなでておきます。はたきのあとは、お気に入りのほうきを使って掃き掃除です。毛先を傷めへんように、やさしく丁寧に。和室を掃くときに、サッサッサッとリズムのよい音を聞くのが大好きで、不思議と心が落ち着きます。ほうきで掃くと、隅々まできれいになる気がして、階段の掃除も重い掃除機でやるよりもラクです。朝以外にも気づいたときにささっと掃除ができるように、ほうきは部屋の片隅やドアノブなどにぶら下げています。
　朝の掃除のほかに、夕方は玄関まわりやガレージなど外の掃き掃除をします。お風呂とトイレの掃除は、子供たちにも順番に手伝ってもらっています。お風呂は入ったついでに洗うというのが、長男と二男が小学生の頃にはじめた我が家のお手伝いの決めごとです。

我が家の収納

じつは収納はそんなに得意ではないのですが、
よく使う場所は使いやすいことを心がけて、
できる範囲で工夫をしています。

食器棚

大切な器がぎっしり詰まった食器棚です。無駄な隙間ができないように100円均一ショップのコの字ラックを使っています。こうすると使いたい器をすぐに取り出せるので便利です。

鍋や調理道具

鍋やボウルなど調理道具をまとめて収納。鍋はふたを裏返して２つずつ重ね、フライパンは大きいので斜めに寝かせて入れます。しまいやすいように詰めすぎに気をつけています。

トレイやボード

トレイやカッティングボードなどを使うことが多いので、すぐに使えるように食器棚の一角にまとめて置いています。古道具の本立てを使って取りやすいように縦に並べています。

調味料

調味料はコンロ付近に置いておくとすぐに使えます。きび砂糖、砂糖、グラニュー糖、塩は取り出しやすいように瓶に移し、琺瑯には昆布や固形ブイヨンなどを入れています。

＊お昼は簡単ひとりごはん

お昼ごはんは、父が寝ている間にひとりで食べることが多いので、簡単にすます日がほとんど。でも、時間があるときには、自分のために少しだけ手をかけたお昼ごはんを作ります。と言っても、お弁当の残りや前日の余り物ばかりで、特別に何か作ることはしません。

ただ、少しだけ丁寧に盛りつけたり、好きな器をたくさん使ってみたり、急須にお茶を入れて用意してみたり…。そんな小さなことでも、特別な気持ちになれます。毎日は難しくても、たまにゆっくりと座りながら、そんなお昼ごはんを食べることができた日は、とっても、とってもうれしいのです。

冷や汁のお昼ごはんです。無印良品のレトルトに、豆腐ときゅうりを入れて食べます。レトルトがないときは、冷えたおみそ汁で作ることもあります。オクラやなすびを入れるのもおいしくて好きです。

朝、お弁当用におにぎりを作るときは、自分の分もいっしょに作っておいてお昼ごはんに食べます。時間のない日はおにぎりだけ、時間がある日は、お漬物や昆布、おみそ汁を用意してちゃんと器に盛ります。

＊一日の終わりに うれしくなる晩ごはん

お昼ごはんを食べて、少し休憩をしたら晩ごはんの買い物に行きます。時間のあるときは車を走らせて、大きなスーパーに行ったり、錦市場へ買い出しに行くこともあるけど、時間のない日は、近くのスーパーですませます。食材を手にしながら、どんなふうに食べたらおいしいかなぁって晩ごはんの献立を考える時間が私は大好きです。外でがんばっている家族のみんなに私ができることと言えば、ごはんを作ることぐらい。一日の終わりに食べる晩ごはんやから、みんなの好きな食材を買って来て、おつかれさまの気持ちをこめながら、ボリュームたっぷりに作ります。生野菜は水きりをして冷やしておいたり、フライの日は衣をつけておいたり、晩ごはんの時間にすぐ出せるように、早めに下ごしらえをするようにしています。

栄養のこととか、食材のこととか、毎日のごはんのことで気をつけなぁかんことはいっぱいあるけど、外から帰って来たときに、いい匂いやなぁと感じてもらったり、食卓に並べた瞬間「わぁ〜」と声が思わず出るような、そんな晩ごはんが作りたいなぁって思います。

我が家の晩ごはん

ガッツリと肉や揚げ物が並ぶ、我が家の晩ごはん。
家族みんなで食卓を囲んで、
モリモリ食べてくれるのを見るのがうれしいです。

なすの肉詰めフライに、作り置きのサラダパスタ、かぼちゃのポテトサラダ、かぼちゃのスープです。フライのときはトレイにクロスを敷いて、小さな四角いざるに盛るのがお気に入り。

ハンバーグは、小さめのものを３つずつお皿に入れるのが定番です。定食屋さんみたいにトレイにごはんとおみそ汁を並べて、「ハンバーグ定食でーす」なんて言いながら出します。

我が家の肉じゃがは、母から受け継いだ味でよく作っています。ホクホクのじゃがいもを大皿にたっぷり入れて出し、なくなったらおかわりを入れます。

ボールのような小さなコロッケをゆっくり丸めて作るのが好きです。この日はにんじんのコロッケ。みんなで取り分けて食べるのも楽しいから、大皿でドーンと出す日も多いです。

休みの日は簡単なものでも、みんながよろこんでくれそうな晩ごはんにしています。子供たちは半熟オムライスも昔ながらのオムライスも大好きで休日によく作るメニューです。

カレーは家族みんなが大好きで、毎回、何日も続けて食べたがります。だから一度にたくさん作って、のせる具を変えたり、うどんやパスタにしたり、何日かカレーを楽しみます。

＊明日のためのリセット時間

おうちのことをするのは好きやし、子供と過ごす時間も好きやけど、やっぱり毎日いろいろなことがあって、悩むこともあるし、心がモヤモヤする日もあります。でも、暗い気持ちは明日に持ちこさへんようにしたいので、毎日、心をリセットするようにしています。

時間があるときは、お茶を飲みながら本を読んだり、好きなことをして過ごします。時間のない日でも、一日の終わりにせめて手のお手入れだけでもすると、心が落ち着きます。明日も元気な心でいられるように、自分にごくろうさまの気持ちをこめて、家事をがんばった手をいたわります。

ハンドクリームは昔ながらのアトリックスを使っています。このクリームを塗って寝ると朝起きたらしっとりです。無印良品の小さな容器に移しておくと、ちょっと使うのも楽しみでうれしくなります。

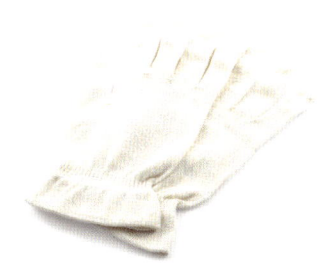

クリームを塗ったあとは手袋をして、きちんと手をガードしながら寝ています。無印良品のおやすみ手袋をはめると、寝具を汚さずに手肌のうるおいを保てるのでお気に入り。

お肌の古い角質を取り除く Cure という角質ジェル。使ったあと手が白くサラサラになり、とてもすぐれものでリピートしています。手だけでなく顔などにも使っています。

暮らしのまとめ2

*家族みんなをよろこばせたい、おどろかせたい、と思うと、毎日どんな献立にしようか考えるだけでワクワクします。

*掃除は負担にならないように、気がついたときに少しずつやります。少し苦手な家事も、時間を決めてやると、あとまわしにせずに毎日続ける習慣がつきます。

*朝が来たら、新しい1日のはじまり。モヤモヤした気持ちを引きずらないように、毎日リセットして眠ります。

3章 ＊ おうちしごとの道具たち

* 使うのがうれしい
# 掃除道具

私は掃除道具が大好きで、雑貨屋さんで見かけると、すぐ手に取ってしまいます。ほうきやたわし、はたき、ちりとり、たらいなど、古くからの生活の知恵を取り入れた日本の掃除道具は、使いやすいだけでなく、どこか懐かしくて、かわいいのにシャンとしたかっこよさもあって、すごく働き者の顔をしていて…。見るとついつい連れて帰って来てしまいたくなるので、気がつけば、おうちの中には、たくさんの掃除道具が集まってしまいました。

　ほうきは部屋に置いてるだけでディスプレイになってかわいいし、気がついたときに、すぐに掃除ができるから便利です。たわしはほどよく水を含んでくれて使いやすいし、持ちやすい。そして、使ったあとの水きれもすごくよくて、ほんまにすぐれものやなぁと思います。洗うときのゴシゴシゴシという音も好きで、我が家の水回りの掃除には欠かせへん存在です。

　どれもお気に入りの道具を選んでいるので、使うのがうれしくて、掃除が前よりも好きになった気がします。

お気に入りの掃除道具

ほうきや、たわし、ちりとりなど、
毎日使っているお気に入りの掃除道具たちです。
形や大きさを変えていろいろ使い分けています。

自家栽培のホウキモロコシで丁寧に作られた職人さんのほうきは、温もりがあって一番のお気に入りです。このほうきはとてもやわらかいので、掃くと心地よくて、朝からやさしい時間が流れます。

取っ手の長いほうきは外用。小さなほうきやたわしは、見ているだけでもかわいいと思えるから、使ったあとは、収納せずに玄関脇の棚に飾っています。風通しがいいので、カビもつかず、ちょうどいいのです。

たらい

古道具を置いている雑貨屋さんで買ったたらい。少しいびつな形の古びた感じが好きです。床ぶきをするときに雑巾を洗ったり、上ばきを洗ったり。バケツよりも浅くて使いやすいです。

ちりとり

ちりとりは室内用と外用で使い分けています。右側はおうちの中、左側は外で使っています。外用は古道具屋さんで見つけたもので、年季が入っていてお気に入りです。

たわし

小さいたわしは、洗面台、まな板など場所や用途に合わせて使い分けています。木の取っ手がついたものは、くつを洗うときに、細長いものは玄関のタイルの隙間用に使っています。

ミニぼうき

小さいほうきを見つけると、かわいくてついコレクションしたくなります。いつでも使えるようにドアノブにかけておき、気づいたときに棚の上などをさっと掃いています。

＊とにかく使える野田琺瑯

私が野田琺瑯を好きになったのは、白が好きやからということもあるけど、雑誌で野田琺瑯の奥さまの野田善子さんの記事を読んだことがきっかけでした。冷蔵庫いっぱいに琺瑯の容器を詰めて使っている様子がなんだかとてもうれしそうで、こんなふうに私も使ってみたいなぁと思ったのです。

我が家では常備菜を作ったときはもちろん、残ったおかずや食材を保存するとき、ぬか漬けを漬けるときなど、毎日のように野田琺瑯の容器を使っています。中身が見えへんから冷蔵庫がすっきりするし、大きさや深さがいろいろあるので、入れるものに合わせて使い分けています。

郵便はがき

163-8691

お手数ですが
切手を
お貼りください

日本郵便株式会社
新宿郵便局　郵便私書箱第39号
株式会社KADOKAWA
メディアファクトリー
出版事業局／第三編集部

「くりかえし」の
家事を楽しむ小さな工夫　愛読者係 行

◆下記のプライバシーポリシーに同意して以下を記入します

ご住所：〒□□□-□□□□

フリガナ

お名前

ご職業：

□会社員　□自由業　□自営業　□公務員　□団体職員　□アルバイト
□パート　□主婦　□短大・大学　□専修・各種学校　□自営業
□高校　□中学生以下　□無職
□その他（

【個人情報取得について】
お預かりした個人情報は、当社からの新刊情報などのお知らせ、今後のアンケートにご協力の承諾を頂いた方へのご連絡に利用します。個人情報取扱い業務の一部または全部を外部委託することがあります。
個人情報管理責任者:株式会社KADOKAWA　メディアファクトリー出版事業局 事業局長
個人情報に関するお問合せ先:カスタマーサポートセンター
TEL：0570-002-001（受付時間:年末年始を除く平日10:00～18:00まで）

「くりかえし」の家事を楽しむ小さな工夫

●本書を購入いただいた理由は何ですか？（複数回答可）

1. テーマ・タイトルに興味をもったので　　2. 著者にひかれて
3. 装幀にひかれて　　4. 広告・書評にひかれて
5. その他（　　　　　　　　　　　　　　　　　　　　）

●本書をどうやってお知りになりましたか？（複数回答可）

1. 新聞・雑誌広告　（媒体名：　　　　　　　　　　）
2. 著者のホームページで　　　　　　　　　　　　　　）
3. 書店の店頭で　　4. 友人・知人にすすめられて
5. その他（　　　　　　　　　　　　　　　　　　　　）

☒ 本書に対するご感想、著者へのメッセージをお願いいたします。

アンケートにご協力いただき、ありがとうございました。
あなたのメッセージは著者にお届けします。
お手数ですが、右欄もご記入ください。

お住まいの地域		性別	年齢
都道府県	市区町村	男・女	

ホワイトシリーズ
レクタングル深型

Sサイズ（W.154×D.103×H.57）

一番使うサイズなので4つ持っています。常備菜を少しずつ何種類も作るときや、野菜が余ったときもこの容器に入れています。

ブロッコリー1個、ししとう1袋など野菜がちょうどよく使いきれるサイズで一番出番が多いです。左はいんげんとまいたけが各1パック、右は板こんにゃく1枚分です。

ホワイトシリーズ
レクタングル深型

Lサイズ（W.228×D.155×H.68）

大きいサイズは、肉をタレに漬けておいたり、下ごしらえをした野菜を入れたりと、バット代わりにも使えるので便利です。

オーブンに使えるので、パンやお菓子の型として利用できるのがうれしい。食パンがかたくなったときはパンプディングを作ります。プリンやティラミスの型として使うことも。

キャベツのせん切りを入れたり、ぬか漬けを漬けたり、多めに作った常備菜を入れています。我が家はポテトサラダがみんなの好物なので、大きい容器にたっぷり作っています。

＊料理が楽しくなる器選び

料理ができたら食器棚を開けて、「どれに入れたらおいしく見えるかなぁ」って考えながら器を選ぶ時間が好きです。食卓に並べたとき、うれしい気持ちになってもらえるように、器選びをすごく大切にしています。目で楽しみながらごはんを食べてもらいたいから、定食屋さんのようにトレイに並べたり、大皿にどーんと盛りつけたり、変化をつけています。

私は子供の頃から器が好きで、かわいい洋服を着るよりも、かわいいお皿やグラス、マグカップに興味のある子でした。大人になって、好みはずいぶん変わったものの、食器棚には少しずつ集めたお気に入りの器が、ずらりと並んでいます。

選ぶときのこだわりは、色違いでそろえること。あとは、同じ素材でも形の違うものを選んだりします。それから、器に入れるものを決めつけないこと。たとえば、朝はごはんを入れた器に、夜はみそ汁やサラダ、スイーツを入れたりします。入れるものを決めずに使うと、毎日ごはんのたびに、選ぶことができて楽しいのです。

好きな器でコーディネート

器が決まったら、箸置きやカトラリーを選びます。
トレイやクロスを使ったり、
コーディネートを考えるのが毎日楽しいです。

カフェ風

古道具のアルミトレイに、クロスを敷いて器をたくさん並べます。京都のお気に入りのカフェ「branche」のマネ。たくさん器が並んでいると、食べるのがうれしくなります。

定食スタイル

平野日菜子さんのお皿とスタジオエムのお茶碗。このお皿は何を入れても合うし、温かい雰囲気にしてくれるのでお気に入り。無印良品のトレイに並べて定食風にします。

大好きな作家さん

村上直子さんのお皿、お茶碗、箸置き。我が家では村上さんのものが一番多く、何でもおいしそうに見せてくれる魔法のような器です。長いお皿にはおかずをたくさん並べています。

ざるを使って

ざるをお皿のように使うのが好きで、とくに、おにぎりを作ったときは、必ずと言っていいほどざるに盛ります。ふたつきのお皿は、煮物をきれいに盛りつけたいときに使います。

＊パン作りとお菓子作りの道具

パン作りとお菓子作りの道具は、私の宝物です。最初は作りたいものがいっぱいで、失敗しながら、毎日のように夢中でパンやお菓子を焼きました。シフォンケーキやフィナンシェ、マドレーヌ、マフィン、パウンドケーキ、ロールケーキ、食パンなど、型もいつのまにかたくさん増えて、カップボードの扉の中にぎっしりと並んでいます。

成功してよろこんだ日のこと、悩みながら焼いた日のことを、この型たちもちゃんと知ってくれていると思います。

今はなかなか時間が持てへんけど、型を手にすると、はじめたばかりの頃のように何か作りたくなって、ワクワクします。

マフィン型は、マフィンだけじゃなく、パンの型としても使っています。おやつのような甘いパンや、カレーやシチューを作った翌日は具を入れてカップパンを焼いています。

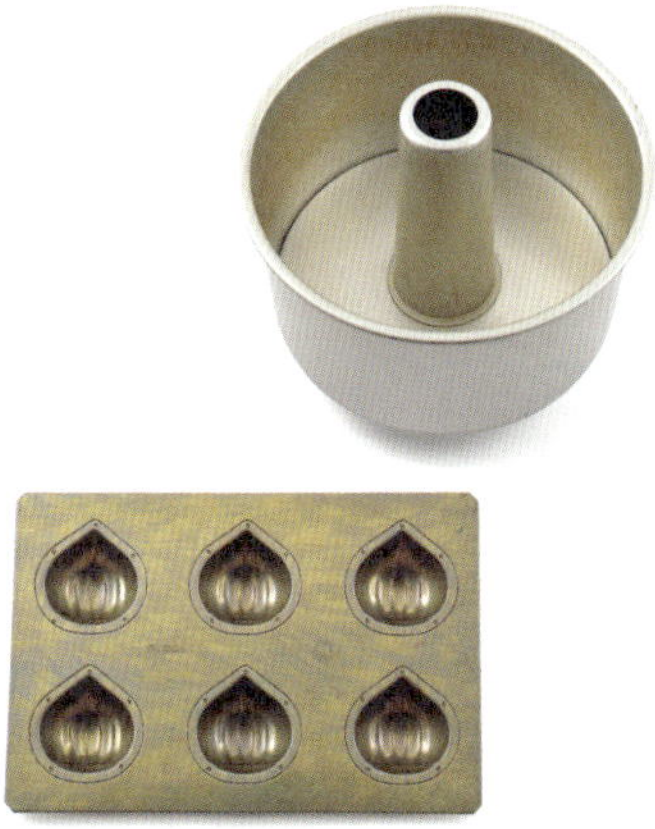

直径21cmの大きなシフォンケーキ型と、栗の形をした型。シフォンケーキと栗の焼き菓子は子供たちが大好きなので、我が家で一番よく使う型です。

パンを作りはじめて最初に買った型は、エンゼル型。時間がないときに便利で、丸めた生地を入れるだけで、リング形のかわいいパンが焼けます。

*働きもののかごバッグ

私が小さい頃、母はいつも大きい真っ赤なかごにお財布を入れて、買い物に行っていました。かごに野菜を入れたり、豆腐を入れたりしている、母の姿がとてもうらやましくて、その頃からかごバッグは私のあこがれでした。年齢を重ねるごとに好きな形や素材は変わるけど、きっとこの先おばあちゃんになっても、かご好きは変わらへんと思います。

最近は、お出かけのときに持つだけではなく、部屋の中にも置いておけるものを選ぶことが多いです。夏は外に持っていくことの多いかごバッグも、冬の間クローゼットの中で眠らせておくのはかわいそうやから、おうちの中で使います。いろいろなものをポイポイほうりこんでクロスをかぶせておくだけで、部屋がすっきり見えるから、大きめのかごは収納に便利やなぁと思います。よく読む本を入れておけば、お茶を飲むときにおうちの中で持ち歩くこともできます。

いろいろな使い方ができる働きもののかごバッグは、我が家のインテリアの主役。そばにあるだけでうれしい気持ちで過ごせます。

おうちのあちこちにかごバッグ

我が家では部屋のいたるところに、かごバッグがあります。
中身が隠せるから何でも収納できるし、
ポンとさりげなく置いてあるだけでもかわいいのです。

好きな本を入れる

我が家で一番新しいモロッコのストローかごバッグ。外に持ち歩いていますが、おうちに帰ると、好きな本を入れています。お茶を飲むときなどに、和室や２階にかごごと移動していつもそばに置いています。

おもちゃやゲームの収納

ベトナム製のシーグラスバスケット。おもちゃやゲーム機など子供たちがよく使うものをまとめて入れています。かごに入れると、ごちゃごちゃせずにすっきり収納できるし、どこに置いてあっても気になりません。

このモロッコの四角いかごバッグは、もう12年も愛用しているお気に入り。くったりとした味が出てきて、手に持つとしっくりなじみます。外でもおうちの中でも1年中仲良しです。

野菜を入れる

岩手の鈴竹の市場かご。丈夫で重いものを入れても壊れないすぐれものです。食材を買い出しに行くときは荷物入れとして、おうちでは冷蔵庫に入れなくてもいいじゃがいもや玉ねぎなどの野菜を入れて台所に置いています。

外出用のものをまとめておく

我が家で一番大きいパキスタンのかごバッグ。出かけるときに使う鞄やポーチ、ストール、マフラー、手袋など、自分の身のまわりのものを入れています。ここにまとめておくと、忘れものをしなくてすむので便利です。

*大切に使い続けたい 古道具

私は古道具が好きです。今では見かけることのない形、古い木の温もりや錆びた風合いのかっこよさなど、なんとも言えへん魅力があります。昔のものは買い替えるのではなく、長く使うことを前提に丁寧に作られているので、時間が経つごとに味が出てくるのもうれしいです。

古道具のなかでも、昭和初期のものや、ジブリ映画に出てくるような古い家具が大好きです。長い歳月を経て、我が家にたどりついたんやと思うと感動的で、巡り会わせのような縁を感じます。どこかで大切にされてきたからこそ、出会えたものたち。私も大切に使い続けたいなぁと思います。

この５段の小引き出しは最初に買った古道具。収納にとても便利で、ラッピング用品を入れています。まだあまり出回っていない頃からずっと小引き出しが欲しくて、やっと見つけたよろこびは今も覚えています。

大きなお盆と小さなお菓子入れも古道具です。どちらも毎日使っていて、いつもそばに置いておきたいくらい大好きです。お茶の時間など自分のために使うことが多く、あるとうれしい気持ちになります。

タオルは白一色

タオルやバスタオルは、絶対に白って決めています。清潔感があって、使っていて気持ちがいいし、収納している間も部屋に自然となじみます。干したときにも、白一色のタオルが並ぶとうれしくて、同じ色でそろえておくと見た目もきれいやなぁと思います。タオルはローソンの超高速吸水タオルが、吸水力がよくてお気に入り。顔を洗ったあと、すぐに取り出しやすいように、洗濯機と洗面台の間にある細いラックに入れています。みんなが気持ちよく使えるように、タオルは毎年、年末になると新調していて、古いものは学校に持って行く雑巾や洗車用にしています。

自分らしいおしゃれ

洋服はおうちしごとがしやすいシンプルなワンピースが好きです。色は白や生成り、グレーや紺、最近は、黒も大人っぽくていいなぁと見直しています。子供の頃から赤やピンクが苦手で、好きな色はほとんど変わってへんと思います。素材はクシャッとしたリネンややさしいガーゼが好き。重ね着をするのも楽しみで、夏でも半袖は着ずに、薄手のものを重ねて着ています。

毎年好きなものは変わらなくて、ずっと同じものを着ているけれど、長く使っているうちに、いい感じに色あせたり、だんだんと自分に合った形になじんでいくのがうれしくて、愛着がわきます。

暮らしのまとめ3

＊少しずつでも好きなものをそろえて、身のまわりにあるものを大切にすると、おうちの中が好きになります。

＊丁寧に作られた手しごとの道具を使うと、なんてことのない作業が特別なことに思えて、背筋がシャンと伸びます。

＊これはこうやって使う、と使い方をひとつに決めつけないようにします。同じものをいろいろな使い方で楽しんで、長くそばに置いておきます。

4章 季節のおうちしごと

＊子供と楽しむ四季の行事

日本には、お正月から大晦日まで、一年を通していろいろな行事や風習があります。家族を想い、健康を願うやさしい気持ちがこめられていて、暮らしを丁寧に慈しむ工夫や知恵がたくさん詰まった日本の行事は、どれも素敵やなぁと思います。そんなひとつひとつの行事を家族で過ごすのはとても幸せな時間やから、ずっと大切にしていきたいことです。

子供たちが大きくなって、みんなでゆっくりと過ごすことがだんだんと難しくなってきたけれど、食べものやったらいつ帰ってきても食べられるから、行事にちなんだものは、できるだけ手作りして用意しています。春には、お弁当を作ってお花見に出かけたり、いちご大福を作ったり、五月には五月人形を飾って柏もちを作ったり、お正月にはお雑煮を作ったり、七草粥を食べたり。春夏秋冬、どの季節にも、行事にまつわるおいしい食べものがたくさんあります。まだまだ知らないこともあるけど、子供たちといっしょに過ごしながら、昔から伝わる習わしを楽しんで、少しでも今の暮らしに取り入れていけたらいいなぁと思います。

THERMOS

季節の味いろいろ

季節ごとに楽しむいろいろな味。
その時期しか食べられないものだから、
ちょっぴりかしこまった特別な気持ちになります。

いちご大福

春が近づくと、作りたくなるのがいちご大福。子供たちが好きな白あんを使うのがこだわり。切ったときに真っ赤でかわいいので「あまおう」で作るのが好き。重箱に入れて大事に食べます。

お雑煮

京都は丸もちと白みその、ほんのり甘いお雑煮です。里芋、金時にんじん、大根、ごぼう、鶏肉を入れて最後にかつお節。元旦の朝、新年の挨拶をしてみんなで食べます。

小豆のお粥さん

小正月に京都の下鴨神社では、参拝者にお粥さんがふるまわれます。我が家も小豆をコトコト炊いて、みんなが風邪をひかへんように祈りながら、塩味のきいた柔らかいお粥さんを作ります。

柏もち

男の子ばかりの我が家は、子供の日がくると柏もちを作ります。女の子に比べて華やかさはないけど五月人形を飾るのはうれしいこと。お夜食に柏もちとお茶を出してみんなでお祝いします。

*夏はカウンターに ガラスのコップ

京都の夏はほんまに暑くて、どうやったら過ごしやすくなるかを考えます。風鈴の音、お線香の香り、きれいな柄のうちわ。それがあるだけで、なんとなく涼しい気持ちになれるようなものを探します。そんな工夫が楽しくて、暑い夏の暮らしも少し好きになったような気がします。

普段は和の器ばかりを使っていますが、夏の間だけは、ガラスのコップをカウンターに置きます。みんながいつでも使いやすいし、ガラスがいくつも並んでいると、どこか涼しげに見えます。ガラスのコップに氷を入れて飲むお茶はとてもおいしくて、夏の楽しみです。

暑い日にサラダをストック

夏はどうしても食欲をなくしてしまうので、みんながしっかり食べて元気に過ごせるように、たっぷりと野菜を用意して冷蔵庫に入れています。暑いときは熱が身体にこもっていると思うから、サラダはほどよく身体を冷やしてくれて、食欲のない日でも食べやすいかなぁと思います。

キャベツのせん切りは、毎日欠かせません。あとは、塩ゆでした野菜と、子供たちが好きなマカロニサラダやマリネなどを用意しています。トマトや、さっと塩ゆでしたアスパラやブロッコリーなど、夏は冷やした野菜がおやつ代わり。冷蔵庫からいつでもパクッとつまんでいます。

＊花のしつらえ

おうちに花があると、なんだか心が元気になってやさしい気持ちになれます。朝起きて、つぼみが大きくなっていたり、いくつもの花が咲いていたり、毎日表情が変わっていくのを見るのが楽しみです。

いつも買えるわけではないけど、ときどき買い物の帰りに季節の花を買ったり、少し車を走らせて、お気に入りの花屋さんに行ってきれいな花を選んでいます。花は人にもらうとうれしいものやけど、自分で買ってもうれしいものです。紙でくるんと巻いてもらった花束を広げ、小さな瓶にさしたり、トタンのピッチャーに入れたり、花瓶もいろいろ変えながら、部屋のあちこちに飾って癒されています。

小さな花壇やウッドデッキには植木の花も置いていて、毎日、太陽の下で元気に咲いてくれている様子を見ると笑顔になれます。あじさいやミモザ、ユーカリなどはドライになったあともかわいくて、かごなどにたっぷり入れて飾っています。枝ものも大好きで、棚の上に寝かせてみたり、壁に吊るしたり、雑貨屋さんみたいなディスプレイを楽しんでいます。

インテリアに花をプラス

花を置く場所を移動させるだけで、
おうちの中の雰囲気が違って見えます。
花瓶の水を換えるのも毎日の楽しみです。

サンキライ

クリスマスが近づくと街で見かけるサンキライの赤い実。リースにしてもかわいいけど、私はダラ～ンとしたまま飾るのが好きで、枝ものは部屋のあちこちに吊るしています。

ミモザ

春に咲くミモザは、大好きな花のひとつです。はじめは花器に飾って楽しんで、何日か経ってドライになったら、かごに入れ替えます。かごからたっぷり顔を出すのがお気に入りです。

チューリップ

春が近づくと、チューリップを買って帰りたくなります。明るいピンクもかわいいけど、真っ白なチューリップが一番きれいで大好き。なかなか見つからないので出会うとうれしくなります。

ブルーデージー

おうちの外の小さな花壇に咲いていたブルーデージーをつんで、小さな瓶に入れました。カウンターや食卓に小さな花が置いてあるだけで、ほっと癒されます。

＊誕生日とクリスマスは手作りケーキ

毎年ひとりひとりの誕生日に、生まれて来てくれてありがとうの気持ちをこめて、朝からケーキを作ります。写真のいちごケーキは、三男の誕生日に2人のお兄ちゃんが作ってくれたもの。慣れへん手つきで苦戦しながら、2人で台所に立つ姿がうれしくて、つまようじと折り紙で作った旗が男の子らしいなぁと思って感動した思い出の味です。シンプルなガトーショコラは、クリスマスに焼きました。家族がそろう機会がだんだん少なくなってきたけど、誕生日やクリスマスは子供たちにとって特別な日やから、手作りケーキでお祝い。ずっと心に決めていることです。

秋の夜長の煮沸消毒

秋になると夜が長くなるから、自分の時間が増えるようでうれしくなります。昼間はゆっくりと過ごす時間がなかなかとれへんから、少し夜ふかしをして、ひとりで静かに好きなことをしたり、家族のことを考える時間が楽しいのです。

一日のおうちしごとが終わって、ホッとしたとき、ふと、明日は瓶に詰めるものをいろいろ作りたいなぁと思いつくことがあります。そんな夜は、食器棚から使いたい瓶を選び、鍋いっぱいにお湯を沸かして、コトコト煮沸消毒。何を作って瓶に詰めようかなぁっていろいろメニューを考えながら、明日が待ち遠しくなります。

＊寒い日のしょうがパワー

寒い冬は、とにかくみんなが風邪をひかへんか心配で、温かくなるものを準備します。マフラーや手袋、厚手の靴下…。

でも、身体の中からぽかぽかと温かくなるものは、やっぱり食べもの。冬は身体を温める効果のある食材を意識して選ぶようにしています。とくに、しょうがはとり続けるのがよいと聞いて、煮物などいろいろな料理に入れています。我が家ではおみそ汁に入れるのが冬の定番で、しょうが風味のホッとする味がお気に入りです。家族みんなが、風邪知らずの元気な冬を過ごせるように、しょうがパワーを借りた温かいごはんを作ることが、私の寒さ対策です。

しょうが氷

本で見かけて作るようになったしょうが氷。しょうが 200g をすりおろして水 200ml と混ぜ、製氷皿に流し入れて凍らせます。固まったら、1 個ずつ取り出して保存袋に入れ、冷凍庫に入れておきます。おみそ汁や煮物、スープにポンと入れて使っています。

しょうが醤油

しょうが 100g を細かくみじん切りにして、醤油 200ml にたっぷり混ぜるだけ。たったそれだけのことやけど、冷えとりの小さな工夫です。瓶に入れておいて、炒め物や煮物などの調味料として使っています。

＊冬はストーブのある暮らし

冬の朝は少し早起きをして、ストーブに火を灯し、みんなが寒がらへんように部屋の中をポカポカにしておきます。夕方みんなが帰って来る頃には、ストーブの上でスープや煮物がコトコト。網でパンを焼いたり、おもちを焼いたり、冬の我が家はストーブが働きものです。母がストーブにやかんや鍋を置いて使っていた子供の頃のことをふと思い出し、9年前に買ったアラジンのストーブ。エアコンとは違うあったかさが心地よくて、ブルーの炎にも癒されます。

ストーブの前にお茶と好きな本を置いてくつろぐ私の夜ふかし。そんな冬の暮らしが大好きです。

＊冬じたくのストール

寒くなってくると、ストールをクローゼットの中から出します。黒いギンガムチェックのストールは、冬になるともう何年も私を温めてくれているお気に入りです。ふわふわで気持ちよくて、外に出かけるときにはもちろん、おうちの中でもいつもいっしょ。お茶を飲むときにはひざかけにしたり、寒い朝の台所しごとにはグルグルと首に巻きつけたりして大活躍しています。

風邪をひかんように、子供たちにも冬じたく。マフラーやネックウォーマー、手袋など冬のあったかアイテムを大きなかごの中に入れて、忘れへんように玄関に置いて準備しています。

暮らしのまとめ4

＊花があると、おうちの中が明るくなります。雑貨屋さんやカフェのようなディスプレイを楽しんで、あこがれの暮らしをちょっと取り入れることができます。

＊季節ごとに好きなアイテムやイベントがあると、次の季節が待ち遠しくなります。旬のおいしいものは、毎年の楽しみになります。

＊暑いとき、寒いときには食べものを少し工夫して、家族の健康を気遣います。

5章

はたらく台所

＊こだわりの台所道具

料理をすることは、自分が家族にしてあげられる大切なしごと。何もないと思っていた私にもちゃんと役目があるのだということに気がついてから、料理をすることが好きになって、毎日の楽しみになりました。

おいしいごはんを作るために、台所道具には少しこだわって、使い勝手のよいもの、一生使えるものを選ぶようにしています。京都には職人さんの手でひとつひとつ丁寧に作られた台所道具のお店がたくさんあります。どの道具もいつか欲しいなぁと思うあこがれのものばかりです。

土鍋でおいしいごはんを炊いてあげたいなぁ。鬼おろしを使って大根おろしを作ってあげたいなぁ。鉄のフライパンでカリっと焼いたハンバーグを食べてもらいたいなぁ。焼き網を使ってパンを焼くとじっくり心をこめられるんじゃないかなぁ。職人さんの想いがこめられた温もりのある道具を見ていると、そんなふうに使ってみたい気持ちがわいてきます。台所には少しずつ買いそろえてきたお気に入りの鍋や調理道具が並んでいます。ごはんをおいしくしてくれる大切な相棒たちです。

愛用している台所道具

鍋やフライパン、おたまや菜箸など、
いつも大切に使っている台所道具です。
どれもお気に入りで、料理をするのが楽しくなります。

段付鍋

有次の段付鍋。鍋には「千恵」と自分の名前も入れてもらって、愛着もたっぷりです。おみそ汁や煮物を作るとき、せいろで蒸すときも使っています。

土鍋

長谷園のかまどさん。ごはん炊き専用の土鍋で、中ぶたつきだから吹きこぼれません。我が家は、5合炊きを使っています。ころんとした形もかわいい。

鉄のフライパン

柳宗理の鉄フライパン。長年愛用していたフライパンの取っ手がぐらついて、1年前にこれに変えました。かっこよくて、使いやすいデザインだなと思います。

ミルク鍋

スタジオエムの陶器のミルクパンです。ひとりの時間によく使っていて、だいぶ年季が入っています。シチューやスープ、コーヒー牛乳を温めたりします。

卵焼き器

有次の卵焼き器。銅なので熱伝導がよく、卵を流し入れたときのジューッという音を聞くのが大好きです。毎朝これで卵焼きをくるくる巻いています。

サラダスピナー

野菜の水きりがラクにできる道具。おいしいサラダを作りたくて買いました。容器に驚くほど水がたまります。サラダを作るときには欠かせません。

すり鉢

山口県堀越窯のすり鉢。ごまあえを作るときなどに使います。存在感があって、どっしりとした落ち着いた雰囲気がお気に入り。中の櫛目も独特です。

手付焼網

京都辻和金網の手付焼網。足付焼網と焼網受が一体化したもので、フライパンのように使えて収納も便利です。これでパンや野菜を焼くのがうれしい。

菜箸・おたま・マッシャー

有次の菜箸は先が細くて小さいものもつかみやすい。柳宗理のおたまは調理しやすいデザインでお気に入り。ポテトサラダをよく作るのでマッシャーは必需品。

鬼おろし

鬼おろしで大根をすると、普通のおろし金にはもどれなくなるほど大根おろしがおいしくて、水分もあまり出ません。長芋をするときにも使っています。

*週に一度の使いきりの日

新鮮なものを食べたいから、なるべくこまめに買い物に行くようにしているけど、父の介護でなかなか時間が持てへんこともあって、少し買いだめをするようにしています。そうすると、なかなか使いきれへんから、冷蔵庫の中で寂しそうに残っている食材が出てきます。

そんな食材を無駄にしないように、週に一度は使いきりの日と決めて、大きめの鍋に余りものをあれこれ入れた、具だくさんスープを作ります。みそ汁や野菜炒めになることもありますが、余りものが主役の料理は、予想外のものが入るから新鮮で、暮らしの楽しみになっています。

週末の夜の台所しごと

週末の夜は、台所しごとがいつもより少し多くなります。週に一度、金曜日の夜は、漂白の日と決めています。人と同じように、一週間の疲れはいつも使っている道具にだってあると思うので、ちゃんときれいにしてあげたくなるんです。

　汚くなってシミが取れへんふきんは、お湯を張ったボウルに少しだけ漂白剤を入れて、きれいに漂白してあげます。排水溝や水筒は、毎日石けんで洗っていても、どうしても汚れはたまるもの。ふきんと同じように漂白しておきます。こうして汚れを溜めずにきれいにしておくと、新しい週のはじまりに、気持ちよく使うことができます。

*台所に白いものを置く

台所には、白いものを意識して置くようにしています。欲しいものがあっても、白が見つかるまでは買わへんという徹底ぶりです。白はシンプルで一番好きな色だということもあるけれど、汚れが目立つ分、油がとんだらすぐにふいたり、よく使うものをきちんと並べて置いたり、こまめに掃除をするようになって台所が使いやすくなったのです。年季の入った白いフライパンは、なかなか売ってへんから、白を保つように念入りに洗って大切に使っています。野田琺瑯やふたの白いＷＥＣＫの瓶、スケールやタイマーなど、白いものが並んだ台所を見るとニンマリうれしくなります。

白いものにこだわると、なかなか売ってへんものが多いのですが、100円均一ショップに行くと、細かいものでも白が見つかるので助かります。ピーラーはキャベツのせん切りにも使っています。ネギカッターは白髪ねぎにするときに重宝します。ラップ代わりに使うネットのふたはすごく密着して便利です。

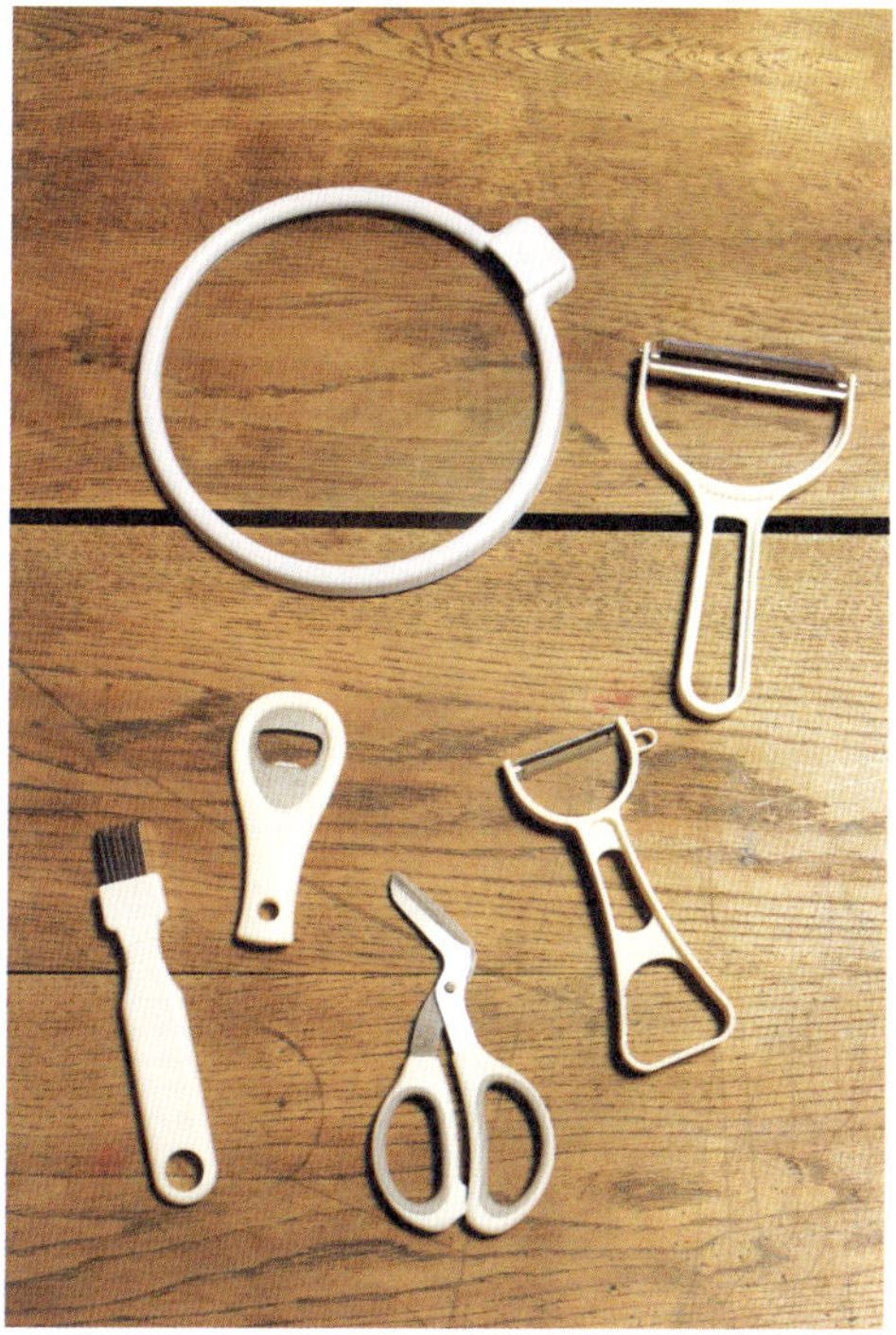

どこへ行ってもなかなか売ってへんのが、白いゴム手袋とスポンジ。見つけたときは、ストック用に買いだめしておきます。水まわりの掃除に使っているブラシは、無印良品のものです。

＊瓶に詰める宝物

食品でも何でも、瓶に入れておくのが好きです。使うのが楽しみになるし、見た目がかわいいから、出しっぱなしにしても平気です。

古道具の駄菓子屋さんの瓶はころんとした形がかわいくてお気に入り。いくつか持っていて、手作りのおやつなどを入れています。玄関には子供のハンカチを入れて置いています。こうすると、忘れものをせずにすむし、自分でハンカチを選んでポケットにしまう姿を見るのも、じつは、毎朝の楽しみなんです。

パンを焼きはじめた頃によく買っていたボンヌママンのジャムは、チェック柄の瓶のふたがかわいくて、いろいろなサイズや色を集めていました。今は綿棒やつまようじ、ボタン入れなどとして活躍しています。赤いふたは、しゃけフレークを作ったときに使うと決めています。ＷＥＣＫの瓶はしっかり密閉できるので、ジャムやふりかけを作ったときに使います。

瓶は暮らしを楽しくしてくれる小さな宝箱やなぁって思います。いろいろなものがなんだか宝物みたいに見えて、うれしくなるんです。

Confiture Bonne
Prunes
Confiture Bonne
Châtaignes

瓶の保存食

ピクルスやなめたけ、オイル漬けなど、
私がよく作っている瓶の保存食を少し紹介します。
どれも３〜４日以内に食べるようにしています。

瓶詰めにするとうれしくて、大事に食べたくなります。左下から時計まわりに、ケチャップ、山芋のとろろ、牛肉のしょうが煮、えのきのなめたけ、しゃけフレーク。

えのきとエリンギのなめたけ

好みの大きさに切ったえのき・エリンギ各1袋、昆布だし 100ml（だしを取った昆布も刻んでいっしょに入れる）を火にかけ、沸騰したら醤油大さじ3、みりん大さじ2を加え、アクをとりながら弱火で5分ほど煮詰める。

野菜のピクルス

酢 200ml、白ワイン 100ml、水 75ml、砂糖 40g、塩小さじ1を入れた鍋を火にかけ、砂糖を溶かす。冷めたら瓶に入れ、好きな野菜、にんにくの薄切り5枚、赤唐辛子1本、ローリエ1枚、粒こしょう小さじ2を入れて漬ける。

焼きねぎのマリネ

適当な長さに切った白ねぎ2本を焼く。焼き色がついて芯がとろりとしたら瓶に入れ、薄口醤油・酢各大さじ1、ごま油大さじ 1/2を加えてあえる。

玉ねぎのオイル漬け

玉ねぎ1個を薄切りにして瓶に入れる。薄口醤油・酢各 50ml、ごま油大さじ2を加えて軽く混ぜ合わせる。

料理をするときに大事にしていること

毎日、凝った料理は出してへんけど、心をこめて作ることを大切にしています。食材を丁寧に切って、火加減も必要なとき以外は弱火にして、ゆっくり調理するのが好きです。煮物はあまり煮すぎずに、火を止めておいておけば、みんなが帰ってくるまでの時間がおいしくしてくれます。

だしもきちんと取るようにしています。昆布とかつおで取っただしを、ペットボトルに入れて常備しています。昆布水もポットで2本作っています。朝のみそ汁用のだしは、前日の夜に取っておき、段付鍋に入れて冷蔵庫へ。そうしておくと、朝、そのまま火にかけられて調理がラクです。

昆布水は、水2リットルに対して昆布20gを入れ、一晩おきます。だしは、昆布水2リットルを鍋に入れ、沸騰させてアクを取ったら、火を止めて削り節40gを入れ、2分おいてペーパータオルでこします。

普段使う調味料は、まるさわの醤油、村山造酢の千鳥酢、山田製油のごま油やいりごまなど、京都のものが多いです。みりんや料理酒は無添加のものを選んでいます。風味が落ちないように小さいサイズを買い、多めにストックしています。

栄養たっぷりのごまは、料理をおいしくしてくれる魔法のスパイス。すり鉢を使ってすりたてのごまを使うようにしています。すり粉木でくるくるくるくる回すと、香ばしい香りが広がってうれしくなります。

暮らしのまとめ5

＊家族にもおもてなしをするつもりで、いつも丁寧にごはんを作ります。ごはんをおいしくしてくれる調理道具や鍋は、こだわったものをそろえます。

＊台所はいつも使う場所だから清潔にします。好きな色で統一するだけで気持ちよく使えます。

＊買ってきたものでも、瓶に入れ替えるだけでありがたいものに思えて、大事にしたくなります。

6章

＊

手間を楽しむ

家族がよろこぶ手作りお菓子

女の子やったら、クッキーを作ったり、ケーキを焼いたりした経験が一度はあると思うけど、私はそういうのが苦手で、母がお菓子作りをしない人やったから、あまりなじみがありませんでした。

そんな私がお菓子作りをはじめたのは、パンを作りはじめたことがきっかけ。その頃からいろいろなことにチャレンジしたくなって、何でも手作りをすることが習慣になりました。お菓子を焼くと、子供たちへ「がんばったね」のごほうびの気持ち、あんまりかまってあげられへんかったときの「ごめんね」などの気持ちを届けることができます。お夜食として部屋に持って行くこともあるけど、晩ごはんのあとに、みんなで集まって食べる日も多くて、お菓子を作ることで家族の団欒が増えたのもうれしい。

私が作るお菓子の中で、みんなが一番好きでいてくれるのは、抹茶のシフォンケーキ。カットしたケーキに、クリームとあずきを添えて食べるのがお気に入りです。甘いものは人を幸せにする力があります。私が作るお菓子も、家族の心を幸せにする力があるといいなぁ。

我が家で人気のおやつ

家族のために作ったいろいろなお菓子。
「また作って」のリクエストがあると、
だんだん我が家の定番おやつになっていきます。

栗のケーキ

栗のケーキは、秋になると必ず焼きたくなります。栗のペーストと渋皮煮をたっぷり入れて、ラム酒入りと三男用にラム酒なしを。ころんとした形もかわいくて、我が家の人気ものです。

抹茶の甘納豆マフィン

我が家の子供たちは、なんと言っても抹茶好き。甘い甘納豆とほんのり苦い抹茶の組み合わせが人気で、マフィンにいろいろな色の甘納豆をゴロゴロ入れました。お茶といっしょに食べます。

フィナンシェ

私はフィナンシェが好きで、友だちにプレゼントをするときにも、必ず入れる焼き菓子です。家族のみんなも大好きでいてくれるから、季節によっていろいろな型で焼いています。

ロシアンクッキー

雑誌の表紙で見たロシアンクッキーがかわいくて、見たとたんに作りたい！と思って焼きました。甘いジャムの香りがなつかしくて、子供の頃食べたクッキーを思い出しました。

フラワーケーキ

パウンドケーキのレシピをフラワー型で焼いて、粉糖でおめかしして食べました。同じケーキでも型を変えるだけで、違うお菓子に見えるので、みんなよろこんでくれます。

スコーン

おいしいジャムが手に入ると、スコーンを焼きたくなります。バターをつぶしたり、卵と牛乳を混ぜてこねる作業も楽しい。たっぷりジャムをつけて食べたいので、甘さ控えめに。

スプーンひとさじのごはんのおとも

ごはんやお弁当のおともに、しゃけフレークや、昆布や卵などでふりかけを手作りしています。どれも手軽に買えるものやけど、自分で作っていろいろな種類を瓶に入れると、少しぜいたくな気持ちになれます。

しゃけは身を少し大きめにほぐすと、よろこんでくれます。昆布はだしを取ったあとに佃煮にすると、無駄になりません。卵は焼いて、のりとごまといっしょにフードプロセッサーにかけるだけで、ふわふわに仕上がります。おかずが少し足りひんときも、手作りのふりかけがあれば、みんなよろこんでくれます。スプーン一杯分のふりかけは、私のちょっとした愛情表現です。

料理が楽しくなる手作りソースとタレ

ソースやタレは市販のものを買うこともあるけど、自分で作った方が、素材のままの味が楽しめるし、量を調節できるから余らせずに使いきることができます。作ったソースやタレでどんな料理を作ろうかなぁと考える時間も楽しみです。

　めんつゆ、みそだれ、ごまだれ、マヨネーズなど、いろいろなものを作りますが、なかでも出番が多いのが、トマトをつぶして煮るだけの身体にやさしいケチャップ。卵やフライにつけたり、ピザトーストを作ったり、いろいろな料理に活躍します。この手作りケチャップで作るオムライスは、我が家で人気です。

ぬか床を　ゆっくり育てる

パパはお漬物が大好きな人で、買い物に行くたびに、ぬか漬けを買っていました。おうちでぬか漬けを作ることができたらいいなぁと思い、野田琺瑯の容器を使って、少しはじめてみることにしました。

塩分と酸味がちょうどいい塩梅になるのが難しくて、まだまだ研究中やけど、朝起きると、ぬか床をチェックするのが楽しみです。手でやさしくしっかりと混ぜながら新鮮な空気を入れて、漬けていた野菜を取り出します。温度や混ぜ方によって味が変わってくるから、手が一番の道具。きっとおいしくできるはずやと信じて、ぬか床を育てる生活を楽しんでいます。

ぬか漬けの仕込みは夜。粗塩を手にとって野菜にすり込みます。粗塩でこすると、野菜の表面に細かい傷がついて、味が入りやすくなります。漬けたら、部屋の涼しい場所に置いておきます。

よく漬ける野菜は、きゅうりとにんじんです。大根やなすびなど、1種類だけ飽きひんように変えたりして、いつも3種類は漬けるようにしています。まだ定番のものしか漬けていないけど、少しずついろいろ試してみたいと思います。

お茶の時間でほっとひと息

朝起きると、前日の残りのポットのお茶をゆっくり飲んで目を覚まします。私は緑茶が好きで、みんなが学校に行ったあと、夜のおうちしごとが終わったあと、時間があるときは一日に何回もお茶を飲んでいます。今日もちゃんと丁寧に過ごせたかな？　父にやさしくできたかな？　静かに心を落ち着かせることができるお茶の時間を、私はとても大切にしています。

　土曜日の夜は、週に一度の楽しみ。少し夜ふかしをして、自分のためにゆっくりお茶を入れて、甘いおやつを食べながら、お気に入りの本を読んでくつろぎます。心が元気になる幸せなひとときです。

お茶のおともに、おいしいお菓子がちょっとでもあると、とっても幸せな時間になります。毎回じゃないけど、ときどき買い物のついでに甘いものを買って帰ります。お茶といっしょによく食べているものは、大好きなフィナンシェです。

私はコーヒーよりも紅茶をよく飲みます。母がミルクティーをよく飲む人だったせいか、私もミルクティーが大好きです。お気に入りのカップに入れて、ゆっくりと座りながら飲んで、またおうちしごとにもどります。

お茶の時間には、本を読むことが多いです。毎月楽しみにしている暮らしまわりの雑誌や料理の本、雑貨店やカフェが載っている本を見て、「いいなぁ」ってつぶやきながら、私も自分なりにがんばろうと力をもらいます。

*

頑固な汚れを洗濯板でゴシゴシ

学校の決まりで靴下が白やから、汚れを取るのがひと苦労。とくに体育の授業がある日は泥んこです。体操服も、もみ洗いしないと落ちません。だから、洗濯板を使って晴れの日はウッドデッキで、雨の日や冬の間はお風呂場でゴシゴシと洗っています。洗濯板を使うと、汚れがよく取れるのです。昔の人は、こうやって全部の服を洗っていたなんてすごいなぁと思います。私は靴下と体操服でお手上げ。でも、少しだけなら、こんな昔の人のような暮らしを送るのも楽しい。汚れを見ると、今日もがんばってきたんやなぁって思ってうれしくなるから、ゴシゴシと心をこめて洗います。

気分転換に カーテンの洗濯

日々の暮らしの中で、毎日使い続けているカーテンは、見えへん汚れがいっぱいついているはず。いつもはポンポンとはたきでたたくことぐらいしかやってへんから、気がついたときには、カーテンを洗うようにしています。

洗濯機で洗い終わったら、そのままカーテンレールにもどします。そうすると、わざわざカーテンを干すための場所をあけずにすむし、風にあたって自然に乾きます。ふわっとカーテンが揺れるたびに、柔軟剤の香りが広がって、とてもいい気持ちになります。ちょっとした気分転換にもなって、リフレッシュできるのです。

心をこめて
チクチク針しごと

ミシンは大人になってからはじめたので、簡単なものしか作れへんけど、学校に持って行くものだけは手作りすると決めています。生地屋さんで生地を選ぶ時間は、とても楽しくて、子供に似合いそうなかわいい生地を見つけるとうれしくなります。

子供の洋服は、成長するとすぐに着られなくなるから、リメイクして長く大切に使うようにしています。ドキドキしながらハサミを入れて、ゆっくりとミシンを動かして作った世界にひとつしかないもの。苦戦したものでも完成するとうれしくて、作ってよかったと思えます。そして、不器用でも小さな自信につながります。

三男に作った小さな巾着。「何を入れんの？」って聞いたら、「ボクの宝物」とうれしそうに言っていました。ネックウォーマーは生地をいろいろ変えてみんなに作ります。これはフリースとボアを合わせました。

三男が学校に持って行くハンカチは、ロボットやうさぎ、自動車など、いろいろな柄の布で手作りをしています。ガーゼ素材だから、ふわふわで気持ちいい。裏面にも違う柄を縫いつけて、リバーシブルで使えるようにしました。

コトコト煮る時間

何かを煮込む作業がとても好きで、安いいちごや、紅玉を見つけたときには、どうしてもジャムを作りたくなります。みんなが寝たあと、ひとり静かにジャム作り。甘さ控えめにお砂糖を入れて、レモンを絞って、鍋をのぞきこみながら、コトコトコトコト煮る時間はとても楽しいです。

おいしいジャムを作ってあげたいな。おいしいジャムが作れたら、ふわふわのパンも焼いてあげたいな。ジャムを煮ながら、そんな気持ちがわいてきて、心が弾みます。大きな泡が出てきて、ツヤツヤになってきたら、瓶に詰めて完成。家族のみんなへの季節のプレゼントです。

暮らしのまとめ6

＊ゆっくり時間をかけて作ったものは、きっとおいしいはず。忙しい毎日のなかで、ちょっぴりぜいたくな気分が味わえます。

＊毎日短い時間でも、お茶を飲みながらぼーっとする時間を作ります。自分のことをいたわったり、1日をふりかえる時間が明日への活力になります。

＊子供が大きくなると、だんだんできることが少なくなるけど、手作りのものには言葉にできない愛情をこめられます。

おわりに

小さい頃から、お嫁さんになることが夢でした。

ままごとをするのが大好きで、私はいつもお母さん役。

ごはんを作るのが好きやったんやと思います。

でも、大人になって、本当のお母さんになったら、なんにもできひん頼りない私でした。

それでも、おうちのことをするのは、やっぱり楽しくて、
その気持ちは小さな頃と変わってへんと思います。

家族によろこんでもらいたい、おどろかせたい、
そんなふうに考えるだけでも毎日ワクワクして、楽しくなります。

これからも、そんな気持ちを大切に、家族で仲良く笑って暮らしていきたいと思います。

この本にたずさわってくださった多くの方々、
特に、私にお話をくださったKADOKAWAメディアファクトリーの石橋さん、
そして、編集の矢澤さん、デザイナーの後藤さん、本当にありがとうございました。

いい本ができるようにと一生懸命になってくださっていたのが伝わり、
うれしい気持ちで取り組むことができました。心より感謝しています。

そして日々、ブログを読んでくださった多くのみなさま、本当にありがとうございました。

このように一冊の本になったことは、みなさまのおかげです。

そのことをずっと忘れずにいたいと思います。

そして最後に、私を支えてくれた家族のみんなへ　ありがとう。

田中千恵

「くりかえし」の家事を楽しむ小さな工夫

2014年6月20日　初版第1刷発行
2014年8月18日　第3刷発行

著　者　田中千恵
発行者　三坂泰二
編集長　藤本絵里
発行所　株式会社 KADOKAWA
〒102-8177　東京都千代田区富士見 2-13-3
tel 03-3238-8521（営業）
編　集　メディアファクトリー
tel 0570-002-001（カスタマーサポートセンター）
年末年始を除く平日 10:00 ～ 18:00 まで
印刷・製本　図書印刷株式会社

ISBN　978-4-04-066773-7　C0077

Printed in Japan
http://www.kadokawa.co.jp/